SELVAGEM

SELVAGEM

Felipe Haiut

Cobogó

COLEÇÃO DRAMATURGIA

Sumário

Apresentação,
por Felipe Haiut   7

Do teatro pra vida,
por Pedro Henrique França   13

SELVAGEM   15

A ficção autobiográfica: crônica de uma travessia,
por Patrick Pessoa   51

Apresentação

Essa dramaturgia é um registro de infâncias dissidentes, que desde sempre existiram e vão seguir existindo. Mais um relato na construção das nossas memórias para que aqueles que vierem depois de nós saibam que não estão sós.

Eu comecei o projeto *Selvagem* de maneira intuitiva. Uma faísca no escuro. Sabia que precisava mergulhar na minha infância, que tinha algo ali que precisava respirar, se revelar. Conscientemente, eu ainda não sabia que era o início de um processo de cura, que através do encontro com a criança eu encontraria o adulto.

Selvagem surge no momento em que decidi futucar essa ferida em mim e reabri-la. Como a criança que tira a casquinha do joelho ralado pra ver como é o machucado por dentro. Essa ferida, que parecia nunca cicatrizar, sempre tornava a inflamar em algum momento. Uma ferida que me doía quando alguém, distraído, dava acidentalmente uma pancada ali. Uma ferida cuja cicatriz ainda dói porque há o registro de uma ausência que ficou marcada no meu corpo como um membro fantasma. Dói em mim e em tantas crianças selvagens. Essa dramaturgia é uma ferida que compartilho com muitas pessoas.

Eu não sei quando comecei a escrever *Selvagem*, porque o tema da criança *queer* começou a surgir já nos meus trabalhos anteriores. É como se essa criança quisesse se comunicar comigo de alguma forma. Essa peça surge de uma provocação: descobrir se essa criança selvagem ainda estava viva. Em alguma dimensão paralela ou dentro de mim.

Entendendo que a física quântica provou através de cálculos — que nunca compreendi na escola — a existência de outras dimensões, mas não conseguiu a tecnologia para acessá-las, eu decidi fazer isso através do teatro. O teatro como ritual. A dramaturgia como uma psicografia, talvez, ou uma carta de amor a essa criança que tanta violência sofreu por apenas existir. Segundo a relatividade de Einstein, múltiplos universos podem coexistir simultaneamente, cada um com um fluxo próprio de tempo. Essa noção sugere que, em diferentes realidades paralelas, o tempo pode correr de maneiras distintas, coexistindo de forma independente.

Como eu disse, imagino essa criança viva em algum lugar, numa dimensão paralela. Fui questionado sobre se essa criança ainda estava viva e decidi me dar o benefício da dúvida, de não saber o paradeiro dela. Acreditando, entretanto, que em algum lugar ela ainda estaria no meu quarto no bairro Peixoto, em Copacabana, com brinquedos ao seu redor e inventando histórias através de seus bonecos. De certa forma, essa imagem me fez sentir que ela estava viva. Não aqui neste plano, nesta realidade, porque posso entrar nesse mesmo quarto e não tem nada lá. Nada mesmo, a não ser algum resto do passado. Mas em mim ela existe.

Inicialmente, me coloquei algumas balizas. Precisaria ser leve essa criação. Eu não poderia sofrer fazendo. Se o processo fosse me machucar, deveria parar e recalcular a rota. Para isso, eu deveria brincar como criança ao longo do percurso. Eu precisaria me divertir mesmo lidando com um tema tão delicado. Outra coisa seria tentar me conectar com aquela criança tentando lembrar a visão de mundo dela e as perguntas que eu me fazia naquela época. E, para finalizar, eu não deveria julgar e sim levantar questionamentos. Meu primeiro procedimento foi pedir a meus pais que mandassem uma mensagem para a criança viada que eu fui, mas sendo quem eles são hoje.

O processo do espetáculo me colocou em contato com o meu corpo, tem me integrado a ele. Corpo que durante muito tempo foi censurado, proibido de existir e de se expressar. Corpo que foi controlado, apontado pelo seu jeito e cor. Corpo que foi negado pelos que estavam ao meu redor e por mim mesmo. Corpo no qual eu reproduzi, durante muitos anos, as violências que ele já sofria, do qual eu sentia vergonha desde os 4 anos, de que eu sentia raiva. Corpo que não poderia ser exposto. Corpo colonizado que não podia rebolar ou remeter a nada dos meus ancestrais, que não podia expressar nada que remetesse ao que é considerado feminino. Corpo que eu usava para fumar até apagar ou comer até ter refluxo. Corpo que não podia ser amado e não sabia ser tocado. Um corpo que, apesar de tudo e de mim, se manteve vivo, saudável, se autorregenerando. Corpo que possui outra consciência, que lutou pela própria sobrevivência. Corpo que me acolhe, que me permite sentir. Corpo que me permite existir neste mundo. Que me permite atualizar, evoluir, materializar. Corpo que me faz sentir prazer, que me faz ser visto, experimentar. Corpo que me faz sentir gosto, cheiro e me dá suporte e segurança. Corpo que agora é visto.

Com a peça, descobri que o corpo é a tecnologia da natureza e a máquina do tempo que a ciência não foi capaz de criar. É tudo ao mesmo tempo, aqui e agora. Os sonhos que aquele menino sonhou para si, as realidades que ele criou e já sentia estão aqui e agora. Não há realidade paralela porque não há realidade. O que é a realidade senão a experiência dos sentidos do nosso corpo? Do nosso corpo em experiência no mundo. Aquilo que a gente vê, ouve, toca e então cria o que chamamos de realidade. Nossa realidade muda conforme a nossa experiência com o nosso corpo muda.

A arte me ensinou que a vida precisa ser completada pela ficção para que a gente possa, de fato, viver a realidade. Em toda realidade, existe ficção. As realidades de mundo divergem a partir das experiências dos corpos neste mundo. Há muitos mundos neste mundo.

Voltando à ideia de como o corpo é uma máquina do tempo, essa criança é quem cria a realidade que eu estou vivendo agora. Esse é o sonho dela e o meu. Porque sou ela agora e ela também é o adulto que sou hoje. E nós sentimos o nosso futuro agora. Ancestral infinito.

Por exemplo, eu me via assim quando era criança. Artista. E eu me percebo artista no presente. Porque esse é um estado em curso, é uma busca constante. A criança me falou aonde eu poderia chegar. Eu ainda a ouço. Como adulto. Ela me sonhou o caminho sem bússola. A bússola é o caminho quem dá, é o tempo. É o adultecer. Ela me ensinou sobre escolha. Sonhar também é escolher.

Selvagem me ensinou a estar presente. A ser vulnerável. Honesto com o tempo presente, com aquilo que está acontecendo. A não precisar dar conta de nada, a não ser de dizer aquelas palavras que me atravessam naquele momento, naquele encontro. Ali o meu tempo é o protagonista. O tempo desse encontro com a plateia. O tempo que todos compartilhamos juntos.

O que é um ser selvagem? É uma reapropriação do olhar colonizador sobre os corpos dissidentes. É aquele que ainda não sofreu a violência de uma cultura hegemônica. É a selvageria da nossa entidade viva que está o tempo todo em conflito, vivendo a enxurrada da informação. É a reconexão consigo mesmo, com o que ainda é ingênuo e por isso é forte. O sistema não quer ver os nossos corpos vivos, pulsantes. A gente manter o sonho é estratégia de sobrevivência, manter a alegria é a sobrevivência. A tristeza e o medo são sentimentos de fácil dominação, porque eles são inertes. Eles matam nossos desejos. A alegria, o gozo são energia indomável, explosiva, pois nos levam em direção ao nosso desejo.

Esses foram os pontos de partida para essa dramaturgia. Não tenho um ponto de chegada. O tempo é um emaranhado. Não existe fim e não existe começo. Os tempos. Tempo linear, tempo elástico, tempo não linear, tempo cronológico, tempo concreto, tempo orixá, tempo condição, tempo único, tempo interno. A coexistência de tempos. O tempo do besouro, o tempo do cachorro, o tempo da cidade, o tempo de Marte. Fora da Terra, o tempo é outro. Às vezes, é preciso sair da atmosfera e olhar o tempo de fora. O tempo, essa energia em constante movimento. O tempo presente. O único tempo que existe e onde todos os tempos se chocam em energia, emoção e memória. Energia é tempo.

Esse projeto me levou a lugares que sempre sonhei, mas nunca acreditei serem possíveis na realidade. Em pouco mais de um ano, fiz a peça em Lisboa, Berlim e Nova York com casa cheia. Fiz temporadas lotadas por teatros nos quais sempre quis estar em cartaz. Estou terminando um documentário sobre esse processo e lançando essa dramaturgia. Entretanto, foi sobretudo essa peça que me deslocou internamente. Ao buscar a criança encontrei o adulto. E ela me levou até a minha comunidade e à minha ancestralidade. Àqueles de que eu sempre fui ensinado a fugir e evitar para não ser descoberto. E descobri que nunca estive sozinho. E aprendi que é seguro ser quem sou.

Uma amiga assistiu à peça e falou que parecia que ela havia rompido o cadeado daqueles diários feitos para criança e lido todos os meus segredos. Antes de estrear, lembro de pensar "O que estou fazendo?", "Será que eu estou enlouquecendo por expor todos os meus segredos publicamente?". Hoje vejo que essa é minha história, mas que não é mais minha, porque está no mundo a serviço. E ela acontece com muitos de nós. *Selvagem* está sendo publicada para que esse tipo de violência contra crianças, praticada por adultos, possa ter um fim. Que a gente pare de produzir tanta dor nas crianças e permita que elas possam brincar livremente. Que elas possam experimentar a infância e possam ser acolhidas como são.

A criança viada que habita em mim saúda a criança viada que habita em você.

Felipe Haiut
Ator e dramaturgo

Do teatro pra vida

Eu vi *Selvagem* nascer num pequeno teatro do Rio de Janeiro. No Espaço Cultural Municipal Sérgio Porto, numa sala com vinte lugares. Eu vi *Selvagem* renascer em mim também naquele dia. E o vi crescer pra espaços cada vez maiores e catarses cada vez mais coletivas, com trezentas pessoas, que também viram renascer suas crianças selvagens. *Selvagem* é, pra mim, um renascimento. É levar nossos traumas como crianças LGBTQIAPN+ a colos que não tivemos quando mais precisávamos. É ressignificar nossas tristezas, hoje, em forma de alegria, rebolado e orgulho. Escrevo sobre essa dramaturgia tão poderosa e acolhedora enquanto escuto "Não ter", de Sandy & Junior, me imaginando, como Felipe Haiut e todas as crianças viadas, em pé em cima de uma cadeira querendo ser a Sandy, mas também o Junior. Ah, as crianças viadas daqueles anos 1990 sabem bem o que "Não ter" representava pro campo dos nossos afetos. Pra idealização — e pra anulação — deles. Pra possibilidade e a impossibilidade dos desejos. *Selvagem* conversa diretamente com as nossas crianças viadas, mas também com os adolescentes héteros que fingimos ser. *Selvagem* é uma carta poderosa pra eles também. Um acordo de paz com tudo aquilo que um dia foi pesadelo e hoje pode voltar a ser sonho. Com aquela criança e adolescente que vestia roupas que não cabiam. Que fez até piada homofóbica pra tentar disfarçar pros pais e os amigos quando o viadinho — você e todo mundo sempre soube eram — era você. Que escreveu cartas de amor pra *elas* quando escrevia pra *eles*. Que se trancou no banheiro com a *Playboy* e jogou pera, uva, maçã, salada mista, quando gostava mesmo era de pesquisar *G Magazine* na *deepweb* e entrar em salas de bate-papo gay. *Selvagem* abre um verdadeiro e belíssimo arco-íris naqueles borrões escuros que pintamos pra esquecer de tudo que quisermos ser e não pudemos. Do que não vivemos e também do que vivemos muitas vezes sem querer viver. *Selvagem* é pra mim, mas também pra qualquer um. Pra que pais e escolas olhem pra essas crianças com carinho e orgulho. E que tenham *Selvagem* no cantinho de cabeceira e nas salas de aula. *Selvagem* é amor. É educação. Respeito. E um orgulho imenso. Do teatro pra vida.

Pedro Henrique França
Cineasta e jornalista

SELVAGEM

de Felipe Haiut

Para as crianças selvagens que nos habitam

Selvagem estreou em 5 de maio de 2023 na sala Multiuso do Espaço Cultural Municipal Sérgio Porto.

Texto
Felipe Haiut

Direção
Debora Lamm

Elenco
Felipe Haiut

Iluminação
Felipe Lourenço

Direção de movimento
Denise Stutz

Figurino
Ticiana Passos

Cenário
Breno Bl e Guilherme Larrosa

Videoinstalação cênica
Breno Bl e Daniel Wierman

Trilha sonora
Arthur Braganti

Visualizer
Vida Fodona

Relações públicas
Nova Comunicação

Vozes
Kelson Succi, Amália Lima, David Lamm, Thiago Menezes, Marta Supernova, Arthur Braganti, Debora Lamm

Música-tema "Coco Melado"
Billy Crocanty, Felipe Haiut, Luiza Yabrudi

Arte gráfica
Paula Cosentino

Produção
Thiago Menezes e Luciana Duque

Realização
Felipe Haiut

Quando eu era uma criança viada, eu não podia cruzar as pernas assim.
Eu lembro da vez que eu cruzei as pernas na frente do meu pai enquanto ele amarrava o meu sapato. Eu comecei a contar alguma coisa que tinha acontecido no colégio, não lembro, mas eu tava animado, provavelmente dando muita pinta. De repente, do nada, eu tomei um tapão na perna e ele foi correndo para o quarto chorando. Eu não. Eu segurei o choro. Como toda criança viada aprende a fazer desde pequena, porque senão piora. Minha mãe, que acompanhava a cena, disse: "Você viu?... o que você fez com o seu pai?"
Eu devia ter 5 anos.
Essa foi uma das únicas vezes que vi meu pai chorar.
Por que o meu pai chorou?
Ali eu entendi que cruzar as pernas era algo terminantemente proibido na frente dos meus pais.

E eles entenderam que precisavam procurar ajuda para ver se eu parava de fazer esse tipo de coisa. Onde já se viu? Uma criança de 5 anos cruzando a perna assim desse jeito. Vai que esse

menino começa a cruzar as pernas por aí, na frente dos amigos deles, na frente da família.
Então, me colocaram na terapia porque tinha alguma coisa de errado comigo.
Dra. Maria José.
Engraçado ela ter esse nome.
Maria José.
Ela podia ter o José no nome, mas decretou que eu não podia ter nenhum rastro de Maria em mim.

Eu lembro da minha primeira sessão com ela. Minha mãe estava muito ansiosa. Ela foi muito bem recomendada, provavelmente porque deve ter traumatizado outras crianças como eu. Eu sabia que aquilo era importante pra ela e eu queria muito acertar para deixá-la feliz.
Mas me reprovaram.
No desenho.
Ali eu entendi que tinha alguma coisa errada comigo, dava pra ver na cara da minha mãe. Na hora, eu lembro de ter pensado que não devia ter feito um coração quando ela me pediu para desenhar. Ou que eu não devia ter feito uma flor quando ela me pediu para desenhar uma casa num quintal. Por que eu não fiz só a grama e a casa?

Então, ela disse para minha mãe que sim, que eu ia precisar de tratamento.
Afinal, além de cruzar as pernas, agora eu também desenhava coração e flores com dedicação... Eu era um ser desviante.
Mas ainda tinha esperança. Por isso, eu estava ali. Porque até os

7 anos, eu lembro quando ouvi minha mãe falando essa frase ao telefone, a sexualidade da criança não está formada ainda. Então, eles tinham pressa.

Do nada, minha vida virou um inferno.
Os meus pais para se tornarem dois soldados com a missão de me transformar numa criança heterossexual.
A dra. Maria José fez com que eles tirassem todo rastro do que é considerado feminino da minha casa. Eu, por exemplo, não podia ter nenhum bicho de pelúcia, nem nada que eu desejasse cuidar.

E minha vida foi ficando azul. Mas não era qualquer tom de azul...
Era um azul asfixiante. Acho que se fosse nome de esmalte ou tinta pra pintar parede de casa teria esse nome: Azul Asfixia.
Eu não podia mais brincar com as meninas.
Eu não podia usar nada rosa.
Eu entrei pra luta. Porque eu não performava a violência tão bem quanto meus colegas.
Eu não podia desmunhecar.
Eu tive que aprender a controlar meus movimentos, meus impulsos.
A ter muita consciência do meu corpo.
Eu não podia desejar nada.
Porque meus desejos não eram naturais.
Eu não podia ser eu mesmo porque eu não era natural.
Mas o que é ser natural? E natural pra quem?

Bem... não adiantou muito, né?
A minha família tinha sido agraciada em casa com uma pequena criança viada.
Um selvagem.

Recentemente eu propus pro meu pai e pra minha mãe que eles imaginassem estar diante da criança viada que eu fui aos 5 anos. Eu pedi pra ele pensarem o que falariam pra ela, sendo quem eles são hoje.

Eles aceitaram.

Minha mãe escreveu isso:

> Filho, meu amor por você é imenso, você é muito amado e foi muito desejado. Desejo que você seja imensamente feliz sempre. Te amo 🖤🫂😘

Meu pai ficou muito provocado com a proposta. Nem sempre nos demos bem. A gente passou mais de dez anos sem falar direito. Depois de alguns dias, ele me mandou um áudio onde ele explicou coisas para essa criança que eu nunca soube. Sobre quando ele percebeu que eu não corresponderia às projeções e expectativas dele sobre mim. Sobre a vergonha que ele sentia quando eu estava perto dos amigos dele. Sobre as violências que ele sofreu quando criança. Sobre o medo que ele sentia por mim nesse mundo.

Depois disso, fui almoçar com minha mãe num domingo e aos domingos ela tem mania de ir nas Lojas Americanas. Ela me perguntou se eu queria alguma coisa de lá, e eu respondi que sim. Que eu queria a Barbie que ela não pôde me dar quando eu pedi aos 5 anos de idade.

Ela não conseguiu comprar de cara.
Mas durante a semana ela me ligou me chamando pra ir na casa dela. Quando eu cheguei lá, ela tava parada na porta, segurando uma sacola de presente da Minnie, daquelas que você compra quando vai pagar no caixa. E quando eu abri, tava lá a minha Barbie. E ela falou: "Bem rosa. Do jeito que você queria."

No áudio, meu pai também disse que eles queriam me defender do deboche, dos ataques, da humilhação, da violência, da exclusão.
Pra isso, meus pais entenderam que para defender o meu direito de existir no mundo precisavam me proteger... de mim mesmo.

Quando eu era uma criança viada, eu queria ser qualquer um menos eu mesmo.
Hoje eu tô aqui pra ser tudo aquilo que a minha criança viada não pôde ser naquele momento.

Canta "Não ter", de Sandy e Junior.

Não ter – Sandy e Junior

[...] Existe um fio de
esperança em mim

Ah! Se eu pudesse enfim
saber quanto de mim
ainda resta
    em você ~~~~~~~
    [...]
Não ter minha vida
   é
  viver
   de
  você

Dá pra ver que eu fui uma criança viada romântica.
Eu lembro de ser meio apaixonado pela Sandy, ao mesmo tempo que eu queria ser como ela e namorar o Junior.
Eu me apaixonava perdidamente por várias meninas no colégio ao mesmo tempo que eu não entendia direito o que eu sentia pelos meninos.
É que as crianças viadas da minha geração não tinham a menor referência de que era possível amar e ser amado. Eu, pelo menos, não me lembro de ter sentido esse amor em retorno. O que significaria pra mim ter sido amado por quem eu era?

Eu ouvi muito que eu não gostava de mulher.

Essa frase é um clássico. Mas eu nunca consegui entender direito.
Logo eu, eu pensava.
Tudo que eu mais queria era estar perto das meninas, mas a dra. Maria José não deixava.
Como que eu não gostava de mulher?
Logo eu que era chamado de mulherzinha enquanto os meninos tentavam me afogar na piscina?
Eu não conseguia entender.
O que eu precisava fazer pra provar que eu gostava, sim, de mulher?
O que é gostar de mulher, então?

Eu lembro da primeira *Playboy* que eu ganhei. Eu tinha 7 anos. Eu fui na Bienal do Livro, queria sair de lá com um livro, mas saí com a *Playboy* da Paula Burlamaqui. Não sei se você lembra dessa edição. Mas era linda. A Paula tava na neve, sem roupa, de peitinho duro de frio. Eu não conseguia entender muito o conceito da coisa. Quem é Paula Burlamaqui? Como ela tá aguentando ficar pelada naquele frio, sentada num trenó do Papai Noel com uns lobos em volta dele e usando umas peças de pele. Por que colocaram ela nessa situação? Mas enfim, a coragem dela era algo que me inspirava.

Eu, sinceramente, não sabia o que fazer com aquela *Playboy*. Mas eu percebia que sempre que eu entrava no banheiro de casa com ela, os adultos celebravam. Então eu passei a ficar horas deitado no chão gelado do banheiro, olhando aquelas fotos repetidamente. Eu cheguei até a desenhar uns vestidos nela longos, lindos.

Então os adultos entenderam que eu gostava tanto da revista que me deram uma assinatura da *Playboy*.
Eu fui assinante da *Playboy* de 96 a 98. Dos meus 7 aos meus 10 anos.

Era através da *Playboy* que eu aprenderia a amar as mulheres.

Não foi fácil ser uma criança viada nos anos 90. Até hoje não é fácil ser uma criança viada.
A gente é chamado de viado, sem fazer a menor ideia do que isso significa.

O que é ser viado aos 4 anos?

Eu vivia num limbo. De um lado os meninos me diziam que eu não era homem. De outro, os adultos me diziam que eu precisava ser homem.

Mas então o que é ser homem?

1 - Não chorarás.
2 - Não rebolarás.
3 - Não aceitarás o não como resposta.
4 - Não cruzarás as pernas.
5 - Falarás grosso.
6 - Evitarás o número 24.
7 - Olharás a bunda das mulheres quando elas passarem na rua.
8 - Ameaçarás de porrada.
9 - Saberás a escalação do seu time de futebol.
10 - Dominarás o feminino em ti para dominar o feminino no mundo.

Eu falhava em todos... Eu olhava em volta e, sinceramente, eu não sabia se eu queria ser homem. Eu não me identificava com aqueles códigos, não conseguia entender.

Se eu não era homem e não podia ser uma paquita, o que eu era então?
Um selvagem?

Eu tenho a memória de ter entendido desde muito cedo que esse mundo não era pra mim. Que não ia rolar. Que se eu quisesse viver as histórias que eu queria viver precisaria ser escondido ou na minha imaginação.

Durante a vida, as crianças viadas se apropriam das histórias de amor que elas veem na televisão.

Mesmo que nessas histórias o nosso amor não exista. O nosso afeto não seja permitido.

Acho que é uma forma de sonhar dentro do pesadelo. Da gente sobreviver.

Eu não lembro se eu tive um amigo imaginário. Mas eu tive muitos amores imaginários.

Tinha um filme chamado *Meu primeiro amor — Parte 2* que passava na *Sessão da Tarde*. Não sei se você se lembra. O Macaulay Culkin morre no primeiro, né? A menina do *Meu primeiro amor — Parte 1* viaja para descobrir um pouco mais sobre as origens dele. E tem um menino chamado Nick que ajuda ela. E os dois se implicam o filme todo, mas eles estão meio apaixonados, até que tem um momento que:

– Me desculpa. Você teve que sacrificar todas as suas férias.
– Alguns sacrifícios valem a pena.
– Quer dizer que... não foi tão terrível?
– Não diria que foi terrível, foi uma espécie de...
– Uma aventura?

E se beijam.

Eu não lembro de como foi o meu primeiro beijo.
Mas acho que foi com um adulto, casado e pai de família que eu conheci num bate-papo na internet.
Ele me chamou pra casa dele dizendo que a gente não ia fazer nada. Era só pra ver qual era. Mas quando ele abriu a porta já tava de samba-canção. A gente foi pro quarto dele, e no corredor, eu passei por um quarto de criança. Todo rosa. Eu perguntei se ele tinha uma filha e ele respondeu que sim, desconversando.
A gente entrou no quarto, ele me sentou na cama e colocou o pau pra fora e começou a tentar enfiar na minha boca. Mas não cabia. Porque eu usava um aparelho que atravessava o meu céu da boca. Então, ele desistiu e me deu um beijo na boca. Depois ele deitou do meu lado e colocou as duas pernas em cima de mim e se masturbou até gozar.

Eu não lembro de como foi meu primeiro beijo, mas acho que foi com um adulto. Eu tava no banheiro do BarraShopping fazendo xixi. Um senhor casado parou no mictório do meu lado. E, do nada, ele apertou minha bunda e sorriu. Eu fiquei sem entender o que estava acontecendo, e então ele veio na minha direção e lambeu minha boca. Nisso alguém deu descarga numa das cabines e ele saiu correndo antes que eu pudesse fazer alguma coisa.

Eu não lembro de como foi meu primeiro beijo, mas acho que foi com um adulto. Ele era casado com uma amiga da minha mãe. Ele sempre me fazia perguntas que me deixavam constrangido. "Você já beijou na boca?", "Você já pegou num peitinho?" "Você já tem pentelho?", "Você é virgem ainda?". Teve um jantar na casa dele, eu acabei dormindo e acordei na cama dele com a língua dele dentro da minha boca.

Eu não lembro de como foi meu primeiro beijo, mas acho que foi com um adulto. Ele era um vizinho do prédio que alugava filme pornô para os meninos que moravam no prédio. Um dia, eu fui me esconder de pique-esconde com meus amigos atrás do carro dele na garagem. E foi ele que me achou e ameaçou caso eu não desse um beijo na boca dele.

Eu não lembro de como foi meu primeiro beijo, mas acho que foi com um adulto. Ele marcou de me buscar de carro na esquina da minha escola, depois da aula. Quando eu entrei no Uno Mille dele, me arrependi na hora. Ele era bem mais velho do que ele tinha me falado, tinha o cabelo todo branco. Eu tentei sair, mas pra me acalmar ele ligou o som do carro e botou aquela música do Cazuza: "Te pego na escola e encho a tua bola com todo o meu amor." Então ele ficou me olhando com cara de apaixonado, fez carinho atrás da minha orelha. E me beijou.

Eu me apaixonei profundamente por um amigo durante a minha adolescência. Sempre que ele entrava no ICQ, meu coração batia acelerado. Sempre que tocava "As long as you love me" no "Top 10" do *Disk MTV* eu só conseguia pensar nele. A gente ficava horas conversando sobre tudo. Eu ficava tão mexido em ser correspondido pela primeira vez na vida que eu nem conseguia dormir direito.
Aí teve um Bar Mitzvá de um moleque da 703 que a gente combinou de ir juntos. E a gente bebeu escondido. E já meio bêbados, a gente começou a dançar juntos na pista. Naquele momento eu senti que tava vivendo a minha história pela primeira vez na vida. A minha narrativa. O filme da minha vida.

O meu *Primeiro amor*. Naquela pista de dança, eu não era o coadjuvante, o personagem orelha que vivia as histórias de amor dos meus amigos. Naquela pista de dança, eu era o protagonista. Era o momento do meu *close*.

Salão de festas do clube. Interior. Noite.

Vemos a pista de dança cheia. Ele vem passando no meio das pessoas com alguma coisa escondida no blazer. Quando ele me mostra é uma caipirinha. Eu falo: "Seu louco, onde você conseguiu isso?" E ele fala "Ah, eu tenho os meus contatos" e me oferece um gole. Eu bebo. Tá forte. "Tá uma delícia", eu digo. A gente dança. Eu ainda com vergonha, fujo do olhar. Mas eu tomo coragem, olho pra ele. E a gente dança olhando nos olhos, rindo, se divertindo. Mas aí eu penso: "Meu Deus, será que vão desconfiar?" Mas eu olho em volta e parece que não tem ninguém. Parece que só tem nós dois naquela pista de dança. É como se tivesse aberto um portal, um outro espaço-tempo em que sentir tudo isso que eu tô sentindo pudesse pela primeira ver ser manifestado na matéria.

Então a nossa música começa a tocar.

Toca "Kiss Me", de Sixpence None the Richer
    Kiss me, out of the bearded barley
    Nightly, beside the green, green grass
    Swing, swing (swing, swing)
    Swing the spinning step

You wear those shoes
And I will wear that dress
[...]

Aí o fotógrafo da festa vem e tira uma foto nossa. E quando ele olha na câmera, admirado, pergunta: "Vocês são um casal?" Meu Deus, será que tá tão claro assim que a gente nasceu um para o outro? Aí eu falo: "A gente? Imagina, pô, ele é só meu amigo, meu irmão, meu *brother*." E então ele se aproxima de mim e, bem perto do ouvido, encostando a barba dele no meu pescoço, diz aquilo que eu sempre quis ouvir: "Eu te amo. Eu estou apaixonado por você."
E esse é o momento do meu primeiro beijo. Do meu primeiro beijo de verdade.

Não rolou porque não podia.

Depois disso, as coisas mudaram.
Ele disse que não lembrava desse momento. Mas que sim, me amava. Mas me amava como amigo.

Recentemente, a gente se reencontrou num Bar Mitzvá. Ele tá casado, tem um filho. E, meio bêbado, ele veio conversar comigo e me confirmou que embora até hoje não se lembre de ter falado, era verdade. Que ele passou muitos anos tentando entender aquele sentimento, mas que ele nunca teve coragem.

Quem defende o direito do menino que se apaixona pelo melhor amigo?

A criança viada não tem a quem recorrer. É muita solidão.
Entre as crianças, não existe lei. Na verdade, entre as crianças o que impera é a lei da selva.
E se você chorar e pedir ajuda a um adulto, a coisa piora pro seu lado.
Por que os adultos fingem que não tão vendo o que está acontecendo?

A única referência que eu tinha do que era ser viado eram os programas na TV. Nos programas de humor, o viado era um personagem caricato mal interpretado por um homem cis hétero branco. E era a partir do olhar deles que eu me enxergava e que o mundo me enxergava.

Pit Bicha, Pit Bitoca, Haroldo, Sarita, Crô, Wanderney da sauna gay. Cada vez que surgia um personagem desses que já vinha com um bordão eu já sentia o pânico subir pela espinha, o medo em virar piada no colégio.

O Tatuapu de *Uga Uga*, o Ralado de *Quatro por Quatro*, os irmãos Sardinha de *Da Cor do Pecado*. Eu tive um lance com todos eles. Eles nunca souberam, mas eu tive. Só que de todos esses, o que mais me pegou foi o Zeca de *O Beijo do Vampiro*. Uma vez, eu me senti tão hipnotizado pela imagem dele na televisão que decidi me aproximar e esfregar minha cara contra a tela enquanto lambia com força a cara do Kaiky Britto. Foi quando minha mãe entrou no quarto sem que eu percebesse e me perguntou: "Filho, você tá bem?"

"Tu é gay, tu é gay que eu sei."

Eu não podia ter uma boneca, mas me deixavam brincar com os Comandos em Ação, com os Cavaleiros do Zodíaco e com uma coleção do He-Man que eu herdei de um primo mais velho. Nunca houve um período de tanta paz entre todos esses homens. E o que acontecia durante a noite naquele castelo de Grayskull, só eu sei.

"Tu é gay, tu é gay que eu sei!"

Uma vez eu tava brincando com os meninos na rua e minha mãe desceu com a câmera nova que ela tinha comprado e pediu pra gente juntar e fazer uma pose pra foto. Nisso, uma semana de ansiedade para esperar o filme ser revelado e quando finalmente o álbum chegou e ela ficou encucada com a foto, ela tirou a foto do álbum e escondeu numa gaveta. Quando eu peguei pra ver a foto, tava lá a turma toda junta, meus amigos todos escolheram essa mesma pose, com o braço cruzado e a cara de mau, e eu, bem no meio deles, dando essa pinta aqui.

"Tenho certeza de que essa coisa de ser ~~gay~~ hétero é só uma fase, vai passar."
"Como você vai explicar para as crianças que você é ~~gay~~ hétero?"
"Por que você escolheu ser ~~gay~~ hétero?"
"Com quantos anos você decidiu virar ~~gay~~ hétero?"
"Não entendo como um cara tão bonito pode ser ~~gay~~ hétero, que desperdício."

Até os anos 90, a homossexualidade era uma doença e a gente era reconhecido como GLS.
O que era isso? Ou você era viado. Ou era sapatão. Ou você não batia em viado nem em sapatão. Era tão comum as pessoas terem preconceito que quem não tinha, tinha uma sigla pra chamar de sua: simpatizante.

No mundo GLS, eu fui ensinado desde cedo a abrir mão de uma parte minha para o resto da vida.
Eu achei que não fosse ter coragem de ser quem eu sou.
Mas tem uma hora que o sofrimento de não poder ser quem se é, supera a falta de coragem.

E coragem a gente tem que ter desde sempre porque a violência nos acompanha desde muito cedo.

E os fiscais de cu tão aí.
É que assim: tem os soldados da heterossexualidade compulsória e acima deles, numa patente mais alta, tem os fiscais de cu.
E sempre tem um fiscal de cu que recebeu uma procuração de não sei quem pra cuidar do nosso.
E eles fazem um trabalho excepcional.

Meu cu é meu.
Esse cu é meu.
O cu de cada pessoa é dela.
O seu cu é seu.
Cada um faz o que quer com o seu próprio cu.
Faça bom uso dele.

Eu tive a integridade do meu cu questionada e exposta muitas vezes por eles ao longo da vida.
Mas nunca de maneira tão violenta como um diretor fez no meu primeiro trabalho na TV.

O que em mim te assusta?
Por que você me ataca?
Me ferir não vai aliviar a tua dor.
Talvez você esteja precisando de ajuda.
Tem muitos mundos no mundo.

Eu achei que fosse conseguir esconder por mais tempo. Só que eu chegava em casa destruído. E minha mãe foi percebendo e começou a perguntar o que tava acontecendo. Eu sentia vergonha de explicar que, no meu primeiro trabalho como ator, eu estava sendo atacado pelo diretor.
Só que teve um dia que a homofobia no set de filmagem foi tanta que tive que me esconder dos ataques dele e de mais 10 homens dentro de um caminhão, no meio dos figurinos.

Esse dia eu cheguei um caco em casa. Ela me pressionou e eu falei sobre os ataques.

E o diretor fala o quê?
Ele me chama de viado.
Mas você é?
Eu não sei.

Silêncio.

No filme da vida de toda criança viada, esse é o momento da virada. Uma cena importante, que a gente espera a vida inteira pra saber como vai ser.

Apartamento da minha mãe, interior, noite.

A mãe ouve a revelação e pega o corredor escuro do apartamento em Copacabana rumo ao quarto. O filho toma coragem, respira fundo e vai atrás dela. E a encontra olhando a sua própria imagem no espelho debaixo de uma luz fria, penteando o mesmo chumaço de cabelo repetidamente com uma tranquilidade assustadora.

O filho não reconhece a personagem. Deu branco na atriz?
Esse também é um grande momento de virada para as mães. Chegou a hora dela ter coragem de ouvir o que sempre teve medo de perguntar.

Aí, já imaginando o drama da mãe judia, ele diz:

Pode chorar, mãe.
Eu não quero chorar. Chorar por quê?
Porque é assim que acontece.
Quem disse?
Sei lá, eu vi na TV.
Meu filho, você devia assistir menos novela. Eu sou uma mãe moderna, eu assisto *Desperate Housewives*.

Foram dez anos sem falar com meu pai.
Até que depois de uma viagem de ano-novo eu decidi desviar a rota e passar por Salvador. O lugar onde ele mora e o último lugar onde a gente se viu. Eu não tinha muita clareza do porquê eu estava indo atrás dele, mas eu sentia que eu precisava fazer as pazes com o masculino em mim. Eu também não sabia como esse encontro ia se dar, mas sabia que eu queria que fosse num lugar público. E foi na Lavagem do Bonfim, no meio de mais de 1 milhão de pessoas vestidas de branco, que a gente se reencontrou. Ele colocou no meu pescoço um colar dos Filhos de Gandhy e a gente seguiu em silêncio a nossa peregrinação de 8 kilômetros até a Colina Sagrada. Na primeira esquina, ele me perguntou o motivo de eu estar ali. E naquele momento eu entendi que eu tinha voltado para resgatar a nossa história. Quando eu disse isso pra ele, aquela armadura que eu sempre vi nele se estilhaçou. Ele começou a chorar como eu nunca tinha visto antes. Nem quando eu tinha 5 anos. Ele chorava e eu via nele um pai. Ele chorava e eu via nele um irmão. Ele chorava e eu via nele um homem. Ele chorava como um homem pode chorar. Ele chorava como gente chora.

Entra o áudio do pai em off.

Então, Felipe, sobre a minha visão em relação a um menino viado... Se eu hoje tivesse oportunidade de tá com ele, agora, na minha frente, eu teria uma visão totalmente diferente. É só uma criança, que tá brincando, que tá vivendo seu momento de alegria, sem nenhuma maldade. É só uma criança. Tá vivendo as experiências dela. Então eu acho que é isso, ela tá ali, projetando o que ela viu ali, a Xuxa brincando na televisão — você gostava muito de ver a Xuxa. A Xuxa tinha o cabelo bonito, ou sua mãe, ou que seja. E depois, no outro ano você projetou outras coisas, é por aí... Então, na verdade, eu digo o seguinte: eu amo essa criança de 5 anos aí, que tava ali naquela época. Então se ela estivesse na minha frente...

Eu diria que eu te amo muito, vou continuar te amando sempre. Eu acho que as escolhas que você fizer, as escolhas vão ser suas, quando você tiver sabendo discernir o que é certo e o que é errado, as escolhas vão ser suas.

E o importante é que você seja feliz e siga seu caminho, independentemente de qualquer coisa. O importante é que você se tornou um belo ser, um espírito de muita luz, que tem uma amorosidade muito grande, que faz bem para muitas pessoas, que ajuda muito os próximos, e eu acho que isso que é muito importante. É... Ama, passa amor, passa carinho, isso que é muito importante. Eu acho que é a sua essência, o que você realmente é como pessoa. É um espírito de luz. Então eu me orgulho muito de poder tá me encontrando de novo com esse espírito de luz, que provavelmente encontrou luz em outras encarnações e tamo nos encontrando agora. Houve momentos na nossa vida com um lapso de tempo, de separação, mas depois a gente... Depois o universo colocou a gente de novo junto, para poder seguirmos aí e fecharmos esse ciclo juntos. Então amo muito você e desejo todo sucesso do mundo e tudo de bom. Que o universo conspire a seu favor.

O tempo é emaranhado. Onde não existe fim, não existe começo. Eu imagino essa criança viada viva numa realidade paralela, em outra dimensão. Eu imagino que quando eu faço uma ação aqui, reflete lá. Se eu sinto alguma coisa aqui, é possível sentir lá também.
E nos momentos em que sentimos juntos, as realidades se conectam e a gente se transforma simultaneamente. É como se o holograma que a gente vive entrasse em curto-circuito bem diante dos nossos olhos. A Matrix se reestrutura. As nossas histórias ganham uma nova configuração. E é nessa interseção que a gente escreve uma outra possibilidade de história pra nós.

O que fazer com o que restou?

Dançar
Rebolar
Desmunhecar
Chorar
Dar pinta
Experimentar
Beijar
Imaginar
Vivenciar

Aceitar a sua natureza
Ter coragem
Negar o autocontrole
Existir com força e expressão
Desejar o amor
Amar
Desejar
Ser quem se é
Dar limites
Expandir os limites
Se reaproximar das minas, das monas
Se inspirar
Jorge Lafond
Zacharias
Brilhar
Lacraia
Lacrar
Sentir
Cássia Eller
Marielle Franco
Gargalhar na cara deles
Marquesa
Claudia Jimenez
Gal Costa
Pegar o retorno
Cassandra Rios
Fazer a curva
Mauro Rasi
Leny Dale
Pegar a rodovia em alta velocidade
120, 150, 180, 200 km/h

Jane Di Castro
Matheusa
Sentir prazer
Laio e Crísipo
Guilherme Karam
Sentir o vento na cara, o cabelo esvoaçante e música alta no conversível rosa, como a criança um dia sonhou
Cazuza
Brenda Lee
Dançar
Dandara dos Santos
Ismael Ivo
Soltar o controle
Basquiat
La Veneno
Laura de Vison
Zé Celso Martinez Corrêa
Reaprender a presença
Andy Warhol
Lauro Corona
Gisberta
Procura-se criança viada
Keith Haring
Caio Fernando Abreu
Descobrir se ela está viva
Madame Satã
Marsha Johnson
Rogéria
Retornar à cidade
Paulo Gustavo
Caminhar pelo bairro de mãos dadas

Tibira
Freddie Mercury
Renato Russo
Ver a praça o chafariz, a rua sem saída
Harvey Milk
Rosely Roth
Retornar ao corpo
Ressuscitar
Reencontrar o menino
Vivo
Dentro. Em mim

Eu passei grande parte da minha infância, trancado no meu quarto fazendo aquilo que ninguém podia saber:
rebolando e aprendendo todas as coreografias de axé.

Pra dançar o Tchan é simples:

Você segura o tchan cruzando as duas mãos em frente ao corpo formando um xis.
Você amarra o tchan circulando uma mão ao redor da outra.
E depois você coloca as duas mãos em formato de reiki e com o chakra base bem solto.
Você vai descendo até o chão e joga a cabeça pra frente, como se tivesse o cabelão enorme até a cintura.

Meu maior sonho enquanto criança viada era ser artista.
Eu queria ser secretário também. Mas esse sonho ficou para trás.

Eu morei uma parte da minha infância em Salvador e lá, pela primeira vez na vida, eu vi um homem cantar, dançar e rebolar. Na frente de todo mundo e em cima de um trio elétrico.
Ali eu entendi que eu queria isso pra mim. Que eu queria ser esse homem. Eu queria me tornar um astro do axé music. Eu queria ser tipo o Xexéu do Timbalada.

O ano é 1998, e eu já era uma criança viada burguesa e considerada o maior dançarino de axé do condomínio Érica, no bairro da Pituba. E conhecido sob o pseudônimo de Coco.

Um dia Coco realizou o sonho dele e subiu num palco na piscina de ondas de um parque aquático e venceu o concurso mais importante para qualquer criança viada de toda a Bahia.
Sim.
Vocês estão diante dele, vocês estão diante de Coco, o grande vencedor do concurso Mini Jacaré 98. O original, não o do grupo Mulekada, que foi pré-fabricado pelo Gugu Liberato. Que Deus o tenha.

Eu subi naquele palco e arrasei. Eu desci na boquinha da garrafa como ninguém. E fui ovacionado por toda uma plateia que me escolheu como o campeão.

O prêmio? Um ano de aula de lambaeróbica que eu nunca pude fazer.

Essa música eu fiz em homenagem a meu pai.

Coco Melado[1]

Coco! Você é coco!
Todo mundo é coco!
Coco melado é tcha tcha!

Coco era um menino que sonhava
Em ser o novo Jacaré do Brasil
Conquistar a massa
Com seu rebolado
Que ninguém nunca viu

E no meio do Pelô
O seu pai lhe reprimiu (não, não)
Para com essa garrafa, esse menino
Para com a manivela, esse menino
Para com esse põe põe, esse menino
Para com o bambolê, esse menino

Coco é liberdade absoluta
Banda Beijo, Araketu e Timbalada
Levante a bandeira dessa luta
Todo mundo já foi criança viada

Envelheço
Que coisa estranha
De acontecer a uma criança

---

1. "Coco Melado" pode ser ouvida nas principais plataformas de *streaming*.

Eu quero falar da última vez que eu vi a dra. Maria José, foi no consultório dela. Eu já tava de saco cheio da sessão e pedi pra ir ao banheiro. Para eu lavar a mão, eu precisava subir no bidê e, para secar a mão, eu precisava me apoiar na pia e me esticar pra alcançar a toalha de rosto. Nesse dia ela saiu na minha mão. E eu decidi botar aquela toalha na cabeça, como se fosse um cabelo, e voltar pra sala assim. Eu sentei na frente dela. E ficamos os dois nos encarando em silêncio. Eu balançando o meu chanelzinho como se fosse o cabelo da Claudia Abreu em *Pátria Minha*. Depois de uma semana, minha mãe comemorou porque numa ligação a dra. Maria José tinha me dado alta.

Enquanto eu tô falando, meu coração está batendo e bombeando sangue por todo o meu corpo numa velocidade de quilômetros por hora. O nosso corpo está digerindo a Coca-Cola, que a gente tanto gosta, que eu tomei no almoço. O nosso pulmão segue filtrando esse ar cheio de monóxido de carbono.
E se eu parar e só respirar.
Tudo isso continua acontecendo.

Eu quero dizer que hoje você ainda está vivo.

Apesar de toda dor, humilhação e ataques que atravessaram o seu corpo, você continua vivo.
Embora todas as tentativas de controle e dominação do seu corpo, você continua vivo e afirmando quem você é.

Nunca é demais repetir que você ainda vive no país que mais mata pessoas LGBTQIAPN+ no mundo. A cada 38 horas uma pessoa como você é violentamente assassinada só por ser quem é e por expressar sua natureza selvagem.
Você continua vivo.
E isso é muito.

Em 2007, você perguntou num diário pra mim se você teria coragem. Eu te respondo. Sim, você teve.
Eu estou diante de uma plateia falando sobre você.
Contando as nossas histórias, celebrando a sua existência, do jeito que você é, e colocando as nossas feridas na luz.
Eu quero te dizer que você tinha razão.
Foi no teatro, onde você pode ser tudo que você é.
Eu quero te dizer que cada vez que você se emocionava com uma lágrima derramada por uma Chiquitita na novela,
Cada vez que você esperava ansiosamente pelo clipe novo da Britney Spears,
Cada vez que aprendia uma coreografia das Spice Girls escondido no quarto,
Cada vez que você imaginava como seria participar do quadro "Transformação da Xuxa",
Cada vez que fazia um quiz da *Capricho* escondido,
Cada vez que sonhava em ter uma Barbie,
Cada vez que você cruzava a perna,
Você não estava sozinho.
Estava conectado espiritualmente a uma multidão de crianças viadas como você. Partilhando a mesma experiência e comungando juntas.

Todas juntas.
Ao mesmo tempo.
Havia uma manada de selvagens que se reconhecem aqui e agora.

FIM

A ficção autobiográfica: crônica de uma travessia

> Produzir uma história de vida, tratar a vida como uma história, isto é, como o relato coerente de uma sequência de acontecimentos com significado e direção, talvez seja conformar-se com uma ilusão retórica, uma representação comum da existência que toda uma tradição literária não deixou e não deixa de reforçar. Como diz Allain Robbe-Grillet, "o advento do romance moderno está ligado precisamente a esta descoberta: o real é descontínuo, formado de elementos justapostos sem razão, todos eles únicos e tanto mais difíceis de serem apreendidos porque surgem de modo incessantemente imprevisto, fora de propósito, aleatório".
>
> Pierre Bourdieu, *A ilusão biográfica*

Nos últimos anos, o campo do teatro viu um crescimento vertiginoso no número de monólogos. Especialmente de monólogos autobiográficos, nos quais a narrativa é construída com base em acontecimentos "reais" que teriam marcado a vida da/o artista em cena. Muitos desses monólogos autobiográficos são também chamados de autoficções. Essa relativa indistinção entre "escrita de si" e "ficção do eu" chama atenção para um dos principais consensos teóricos no campo da filosofia e da historiografia contemporâneas: a evidência de que toda autobiografia implica um ponto de vista, um recorte e uma seleção de episódios da vida de alguém que acabam por produzir um autorretrato parcial e incompleto, apenas um dentre muitos outros que seriam possíveis.

Toda (auto)biografia é uma peça de ficção. Em seu sentido etimológico, ficção não é mentira nem propriamente invenção. A palavra ficção vem do latim *fictio*, que aponta genericamente para "algo que é feito", podendo esse "feito" ser uma forma, uma obra, um construto, um conceito. Uma *fictio* é produzida por um *fictor*, que em português traduzimos por "escultor". Fazer ficção é "esculpir", "dar forma" àquilo que se viveu ou imaginou. Nenhuma vida existe em si mesma independentemente do modo como é contada, interpretada, moldada. Por isso, diante de obras autobiográficas, muito mais interessante do que se perguntar se os acontecimentos narrados como reais de fato aconteceram é se perguntar quais seriam os interesses que levaram um/a artista a ficcionar a própria vida daquele jeito específico e não de outro qualquer.

Selvagem, de Felipe Haiut, narra em tom intimista e abertamente autobiográfico (ou autoficcional) o romance de formação de uma "criança viada", entre as torturas sofridas na infância para se "curar" e a alegria de ter sobrevivido e hoje poder afirmar quem é. Neste breve posfácio, gostaria de abordar sucintamente três aspectos do texto que talvez possam ajudar a enxergar melhor algumas de suas linhas de interesse.

1. O interesse político

Em seu nível mais imediatamente visível, *Selvagem* é uma denúncia da homofobia estrutural de nossa sociedade, nisso evocando outras peças teatrais de temática semelhante (penso em *3 maneiras de tocar no assunto*, de Leonardo Netto). Como é comum em relatos autobiográficos dessa natureza, a peça comove não apenas pela franqueza com que o ator se dirige ao público, expondo, por exemplo, comportamentos homofóbicos da própria mãe e do pai contra a criança que ele um dia foi, mas sobretudo pelo fato de termos diante de nós o próprio corpo que sofreu todas aquelas violências. Um corpo "selvagem" (daí o título) na medida em que não se deixou domar pelas expectativas sociais ditas "civilizadas" — bem sabemos quanta barbárie os ideais civilizatórios já produziram! Um corpo sobrevivente que, por sua mera existência, pode vir a inspirar outros corpos selvagens a lutar contra o mal, digo, o nor-mal.

O arco narrativo da peça revela certos traços do mito do herói como teorizado por Joseph Campbell, na medida em que narra a odisseia de um jovem que precisou vencer uma série de obstáculos para não perder-se de si mesmo. Além de Campbell, outro pensador que *Selvagem* me evocou foi Paul B. Preciado. Um de seus textos mais belos, chamado "A bala", começa assim:

> A homossexualidade é um franco-atirador silencioso que coloca uma bala no coração das crianças que brincam nos pátios, sem se importar se são filhos de reacionários ou progressistas, de agnósticos ou católicos integristas. Sua pontaria não falha nos colégios das classes altas nem nas escolas públicas. Atira com igual perícia nas ruas de Chicago, nas aldeias da Itália ou nos subúrbios de Joanesburgo. A homossexualidade é um franco atirador cego como o amor, generoso como o riso, tolerante e carinhoso como um cão. Quando cansa de disparar nas crianças, atira uma rajada de balas perdidas que vão se alojar no coração de uma camponesa, de um taxista, de um caminhante no parque... A última bala acertou uma mulher de oitenta anos enquanto dormia.

O mesmo texto termina com esta outra passagem igualmente comovente: "Agora falo a vocês, crianças da bala, e digo: a vida é maravilhosa, estamos esperando vocês, nós, os caídos, os amantes do peito perfurado. Vocês não estão sós."

Felipe Haiut, como se pode ler na página final de seu texto, diz algo muito parecido a suas/seus leitoras/es.

2. O interesse epistemológico

Um segundo aspecto da peça, responsável por boa parte da diversão do público nas duas apresentações a que eu tive a oportunidade de assistir — a primeira no dia 13/6/2024, no Teatro Rival, e a segunda no dia 20/8/2024, no Teatro Café Pequeno, no âmbito da décima edição do Festival Midrash de Teatro —, tem a ver com a profusão de referências de época mobilizadas pelo narrador. Músicas, danças e imagens de antigos programas de auditório e de novelas dos anos 1980 e 90 são relembradas ou projetadas na TV de tubo que fica em cena, como um vestígio arqueológico daquele tempo. Esses materiais servem como ponto de partida para monólogos confessionais nos quais Haiut reflete crítica e ironicamente sobre as referências da cultura pop que foram ajudando a moldar sua identidade — desde a Barbie que ele não pôde ganhar quando ainda era bem pequeno, ou da *Playboy* da Paula Burlamaqui que ele ganhou aos 7 anos de idade como tentativa de "curá-lo", até a libertação encarnada no dançarino Jacaré, do grupo É o Tchan!, que ele passou a imitar com tamanha entrega a ponto de ter ganhado o concurso de "Mini Jacaré 98". Isso sem esquecer da profunda influência sobre as crianças da geração dele exercida por Xuxa, Sandy, Junior, Britney Spears, as Spice Girls, Claudia Abreu, Angélica e tantas outras.

Mais do que servirem como uma espécie de alívio cômico após a narração de situações de violência homofóbica ou como recurso fácil para granjear a simpatia imediata dos espectadores que também viveram aquela época, essas referências têm uma função, digamos, epistemológica. Revelam quanto toda história pessoal contém em germe, mais ou menos explicitamente, fartas porções da história social. E quanto, mergulhando na escuta de vidas singulares, sobretudo quando essas vidas têm a oportunidade de narrar a si próprias, temos um acesso à história que permanece vedado a abordagens mais historicistas, "imparciais", pretensamente objetivas. É de um outro conhecimento histórico que estamos falando, de um conhecimento radicalmente implicado. Um conhecimento que, nos últimos tempos, tem aparecido não apenas no teatro, mas também na literatura (em obras como as de Annie Ernaux e Jefferson Tenorio), no cinema (em obras como as de Eduardo Coutinho e Karim Aïnouz) e nas artes visuais (em obras como as de Sophie Calle e Paulo Nazareth), para ficarmos apenas nestes poucos exemplos.

3. O interesse ético-estético (ou psicanalítico)

Um terceiro e último aspecto que gostaria de destacar tem a ver com o fato de que em *Selvagem*, como em diversos monólogos autobiográficos contemporâneos, a separação tradicional entre o trabalho da dramaturgia e o trabalho da atuação é suprimida. Cada vez mais atrizes e atores têm se dedicado à escrita e vêm, literalmente, se tornando autoras/es das histórias delas/es próprias/os. Ainda que essa proliferação de monólogos e a concentração de diversas funções na mão de uma mesma pessoa tenha inegáveis razões econômicas e seja sinal inequívoco da necessidade de mais investimento público nas artes da cena, ela tem contribuído enormemente para uma ampliação de nossa concepção do que é e do que pode o teatro. Ou melhor: os teatros e as teatras, já que teatro é palavra que só se deveria conjugar no plural.

Além de aparecer como espaço de luta política pelos direitos das/dos homossexuais, e como fonte de produção de conhecimentos históricos — uma espécie de sala de aula na qual a macro-história é iluminada a partir da intimidade de pequenas histórias e afetos —, *Selvagem* tem ainda uma dimensão ético-estética — ou talvez psicanalítica. Contra a costumeira acusação de "narcisismo" que recebem as/os artistas que fazem da própria vida a matéria de sua criação, Felipe Haiut responde: "Isso não é narcisismo, é cuidado de si." Um cuidado que se distingue do narcisismo porque (1) seu objetivo não é construir uma imagem bem acabada de si mesmo, mas expor os buracos e descontinuidades de sua história — como Alain Robbe-Grillet preconiza na epígrafe deste ensaio; e sobretudo porque, (2) nesse tipo de cuidado, importa menos a autorreflexão teórica sobre si do que a ação transformadora no mundo. É, neste sentido, muito tocante o modo como Haiut convida o pai e a mãe a se endereçarem à criança viada que um dia ele foi como uma forma de reparação pelo mal que as expectativas de normalidade de ambos causaram ao filho. Sempre ainda é tempo de reparação e conciliação, sempre ainda é possível reescrever o passado, ensina-nos tanto o teatro quanto a psicanálise. O que não dá é para passar a vida toda no ressentimento, alimentando o "sofrimento por reminiscência", que é a própria definição de neurose segundo Freud.

Selvagem, em suma, é um trabalho que funciona como um convite a todas/os nós, leitoras/es ou espectadoras/es, para nos tornarmos de algum modo ficcionistas de nós mesmas/os, encontrando maneiras outras de nos narrar que tornem este mundo um lugar mais habitável, menos normalizador, um mundo no qual as diferenças não sejam apenas toleradas, mas antes sejam celebradas.

Santos, 5/9/2024

Patrick Pessoa
Crítico teatral, dramaturgo e professor de Filosofia
da Universidade Federal Fluminense

CIP-BRASIL. CATALOGAÇÃO NA PUBLICAÇÃO
SINDICATO NACIONAL DOS EDITORES DE LIVROS, RJ

H177s

Haiut, Felipe 1987-

Selvagem / Felipe Haiut. - 1. ed. - Rio de Janeiro : Cobogó, 2024.

64 p. ; 19 cm. (Dramaturgia)

ISBN 978-65-5691-152-6

1. Teatro brasileiro. I. Título. II. Série.

24-93879   CDD: 869.2
              CDU: 82-2(81)

Meri Gleice Rodrigues de Souza - Bibliotecária - CRB-7/6439

© Editora de Livros Cobogó, 2024

Editora-chefe
Isabel Diegues

Editora
Aïcha Barat

Coordenação de produção
Melina Bial

Assistente de produção
Priscilla Kern

Revisão final
Eduardo Carneiro

Projeto gráfico de miolo e diagramação
Mari Taboada

Capa
Paula Cosentino

A opinião dos autores deste livro não reflete necessariamente a opinião da Editora Cobogó.

Nenhuma parte desta obra pode ser reproduzida, adaptada, encenada, registrada em imagem e/ou som, ou transmitida de nenhuma forma ou por nenhum meio, sem a permissão expressa e por escrito da Editora Cobogó.

Todos os direitos reservados à
Editora de Livros Cobogó Ltda.
Rua Gen. Dionísio, 53, Humaitá
Rio de Janeiro – RJ – Brasil – 22271-050
www.cobogo.com.br

Coleção Dramaturgia

ALGUÉM ACABA DE MORRER LÁ FORA, de Jô Bilac

NINGUÉM FALOU QUE SERIA FÁCIL, de Felipe Rocha

TRABALHOS DE AMORES QUASE PERDIDOS, de Pedro Brício

NEM UM DIA SE PASSA SEM NOTÍCIAS SUAS, de Daniela Pereira de Carvalho

OS ESTONIANOS, de Julia Spadaccini

PONTO DE FUGA, de Rodrigo Nogueira

POR ELISE, de Grace Passô

MARCHA PARA ZENTURO, de Grace Passô

AMORES SURDOS, de Grace Passô

CONGRESSO INTERNACIONAL DO MEDO, de Grace Passô

A PRIMEIRA VISTA | IN ON IT, de Daniel MacIvor

INCÊNDIOS, de Wajdi Mouawad

CINE MONSTRO, de Daniel MacIvor

CONSELHO DE CLASSE, de Jô Bilac

CARA DE CAVALO, de Pedro Kosovski

GARRAS CURVAS E UM CANTO SEDUTOR, de Daniele Avila Small

OS MAMUTES, de Jô Bilac

INFÂNCIA, TIROS E PLUMAS, de Jô Bilac

NEM MESMO TODO O OCEANO, adaptação de Inez Viana do romance de Alcione Araújo

NÔMADES, de Marcio Abreu e Patrick Pessoa

CARANGUEJO OVERDRIVE, de Pedro Kosovski

BR-TRANS, de Silvero Pereira

KRUM, de Hanoch Levin

MARÉ/PROJETO BRASIL, de Marcio Abreu

AS PALAVRAS E AS COISAS, de Pedro Brício

MATA TEU PAI, de Grace Passô

ÃRRÃ, de Vinicius Calderoni

JANIS, de Diogo Liberano

NÃO NEM NADA, de Vinicius Calderoni

CHORUME, de Vinicius Calderoni

GUANABARA CANIBAL, de Pedro Kosovski

TOM NA FAZENDA, de Michel Marc Bouchard

OS ARQUEÓLOGOS, de Vinicius Calderoni

ESCUTA!, de Francisco Ohana

ROSE, de Cecilia Ripoll

O ENIGMA DO BOM DIA, de Olga Almeida

A ÚLTIMA PEÇA, de Inez Viana

BURAQUINHOS OU O VENTO É INIMIGO DO PICUMÃ, de Jhonny Salaberg

PASSARINHO, de Ana Kutner

INSETOS, de Jô Bilac

A TROPA, de Gustavo Pinheiro

A GARAGEM, de Felipe Haiut

SILÊNCIO.DOC,
de Marcelo Varzea

PRETO, de Grace Passô,
Marcio Abreu e Nadja Naira

MARTA, ROSA E JOÃO,
de Malu Galli

MATO CHEIO, de Carcaça
de Poéticas Negras

YELLOW BASTARD,
de Diogo Liberano

SINFONIA SONHO,
de Diogo Liberano

SÓ PERCEBO QUE ESTOU
CORRENDO QUANDO VEJO QUE
ESTOU CAINDO, de Lane Lopes

SAIA, de Marcéli Torquato

DESCULPE O TRANSTORNO,
de Jonatan Magella

TUKANKÁTON + O TERCEIRO
SINAL, de Otávio Frias Filho

SUELEN NARA IAN,
de Luisa Arraes

SÍSIFO, de Gregorio Duvivier
e Vinicius Calderoni

HOJE NÃO SAIO DAQUI,
de Cia Marginal e Jô Bilac

PARTO PAVILHÃO,
de Jhonny Salaberg

A MULHER ARRASTADA,
de Diones Camargo

CÉREBRO_CORAÇÃO,
de Mariana Lima

O DEBATE, de Guel Arraes
e Jorge Furtado

BICHOS DANÇANTES,
de Alex Neoral

A ÁRVORE, de Silvia Gomez

CÃO GELADO,
de Filipe Isensee

PRA ONDE QUER QUE EU
VÁ SERÁ EXÍLIO,
de Suzana Velasco

DAS DORES, de Marcos Bassini

VOZES FEMININAS — NÃO EU,
PASSOS, CADÊNCIA,
de Samuel Beckett

PLAY BECKETT — UMA PANTOMIMA
E TRÊS DRAMATÍCULOS (ATO SEM
PALAVRAS II | COMÉDIA/PLAY |
CATÁSTROFE | IMPROVISO DE OHIO),
de Samuel Beckett

MACACOS — MONÓLOGO
EM 9 EPISÓDIOS E 1 ATO,
de Clayton Nascimento

A LISTA, de Gustavo Pinheiro

SEM PALAVRAS,
de Marcio Abreu

CRUCIAL DOIS UM,
de Paulo Scott

MUSEU NACIONAL
[TODAS AS VOZES DO FOGO],
de Vinicius Calderoni

PARTIDA, de Inez Viana

AS LÁGRIMAS AMARGAS
DE PETRA VON KANT,
de Rainer Werner Fassbinder

AZIRA'I — UM MUSICAL DE
MEMÓRIAS, de Zahỳ Tentehar
e Duda Rios

COLEÇÃO DRAMATURGIA ESPANHOLA

A PAZ PERPÉTUA, de Juan Mayorga | Tradução Aderbal Freire-Filho

ATRA BÍLIS, de Laila Ripoll | Tradução Hugo Rodas

CACHORRO MORTO NA LAVANDERIA: OS FORTES, de Angélica Liddell | Tradução Beatriz Sayad

CLIFF (PRECIPÍCIO), de José Alberto Conejero | Tradução Fernando Yamamoto

DENTRO DA TERRA, de Paco Bezerra | Tradução Roberto Alvim

MÜNCHAUSEN, de Lucía Vilanova | Tradução Pedro Brício

NN12, de Gracia Morales | Tradução Gilberto Gawronski

O PRINCÍPIO DE ARQUIMEDES, de Josep Maria Miró i Coromina Tradução Luís Artur Nunes

OS CORPOS PERDIDOS, de José Manuel Mora | Tradução Cibele Forjaz

APRÈS MOI, LE DÉLUGE (DEPOIS DE MIM, O DILÚVIO), de Lluïsa Cunillé | Tradução Marcio Meirelles

COLEÇÃO DRAMATURGIA FRANCESA

É A VIDA, de Mohamed El Khatib | Tradução Gabriel F.

FIZ BEM?, de Pauline Sales | Tradução Pedro Kosovski

ONDE E QUANDO NÓS MORREMOS, de Riad Gahmi | Tradução Grupo Carmin

PULVERIZADOS, de Alexandra Badea | Tradução Marcio Abreu

EU CARREGUEI MEU PAI SOBRE MEUS OMBROS, de Fabrice Melquiot | Tradução Alexandre Dal Farra

HOMENS QUE CAEM, de Marion Aubert | Tradução Renato Forin Jr.

PUNHOS, de Pauline Peyrade | Tradução Grace Passô

QUEIMADURAS, de Hubert Colas | Tradução Jezebel De Carli

COLEÇÃO
DRAMA-
TURGIA
HOLANDESA

EU NÃO VOU FAZER MEDEIA, de Magne van den Berg | Tradução Jonathan Andrade

RESSACA DE PALAVRAS, de Frank Siera | Tradução Cris Larin

PLANETA TUDO, de Esther Gerritsen | Tradução Ivam Cabral e Rodolfo García Vázquez

NO CANAL À ESQUERDA, de Alex van Warmerdam | Tradução Giovana Soar

A NAÇÃO — UMA PEÇA EM SEIS EPISÓDIOS, de Eric de Vroedt | Tradução Newton Moreno

2024
———————
1ª impressão

Este livro foi composto em Calluna.
Impresso pela Imos Gráfica e Editora,
sobre papel Pólen Bold 90g/m².